Alimentazione e Psiche

Effetti del cibo su corpo e mente

BIOGRAFIA

Rosa Bernardo, nata nel 1957 in Basilicata, attualmente vive a Milano. Laureata in Sociologia, ha ricoperto ruoli di rilievo nel settore della formazione e della gestione delle risorse umane presso aziende leader nel settore alimentare. La sua innata passione per lo studio delle abitudini alimentari delle diverse culture l'ha portata a sviluppare una crescente sensibilità verso il consumo consapevole degli alimenti. Per approfondire le sue conoscenze, ha frequentato la scuola triennale di naturopatia presso l'Istituto Riza di Milano. L'autrice offre ai lettori una panoramica multidimensionale e approfondita della relazione tra cibo ed emozioni. Il suo lavoro aiuta a comprendere le motivazioni che spesso, in modo inconsapevole, guidano le nostre scelte alimentari, influenzano il nostro benessere psicofisico o al contrario creano squilibrio. Oltre ad avere un carattere informativo, il libro vuole essere una guida per tutti coloro che desiderano acquisire una maggiore consapevolezza del proprio rapporto con il cibo.

INDICE

INTRODUZIONE

Il presente lavoro esplora vari aspetti della relazione tra cibo ed emozioni.

Inizialmente, si analizzano gli effetti del cibo sul corpo e sulla mente, considerando i diversi principi nutritivi come vitamine, minerali, proteine, grassi e carboidrati, e il loro impatto sul benessere fisico e mentale. Viene anche accennato come i colori degli alimenti influenzino l'appetito e le emozioni attraverso la psicologia dei colori.

Successivamente, si esamina l'evoluzione del cibo da mero bisogno fisiologico a elemento ricco di significati culturali, analizzando le tradizioni culinarie e le pratiche sociali legate all'alimentazione nelle diverse culture. Questo mette in evidenza come il cibo sia un mezzo di espressione culturale e personale.

Infine, si discute l'alimentazione eubiotica, un approccio che mira a mantenere l'equilibrio psico-fisico e a prevenire disturbi alimentari. Si esplorano i principi di questa dieta e i suoi benefici potenziali per migliorare il benessere generale.

Il lavoro offre così una panoramica multidimensionale della relazione tra cibo ed emozioni, combinando aspetti fisiologici, psicologici e culturali, e proponendo un approccio olistico all'alimentazione..

EFFETTI DEL CIBO SU CORPO E MENTE

Prima di entrare nel merito della relazione tra cibo e psiche, è importante fare alcune considerazioni preliminari sulla funzione che il cibo ha per il corpo vivente. La medicina ufficiale considera il corpo come una realtà separata dalla psiche, ma proprio nella relazione tra cibo e psiche troviamo la conferma che sono due aspetti inscindibili. Si possono provare passioni forti o repulsioni per un cibo. Si socializza e si festeggia con il cibo. Nessuno può essere del tutto distaccato o emotivamente indifferente al mangiare. Esiste dunque un legame importante tra alimentazione ed emozioni che chiama in causa diversi fattori quali: la nutrizione, in primo luogo, a cui si aggiungono le esperienze evolutive della personalità, i legami familiari e i rituali culturali.

Si può quindi affermare che il corpo vivente è un tutt'uno (visione olistica) che si nutre di cibi diversi in un processo di continua trasformazione.

Il primo tipo di nutrimento è il cibo. Per gli alimenti che entrano dalla bocca, c'è un organo che permette la trasformazione dei loro principi vitali: lo stomaco. Se non ci fosse lo stomaco, non sarebbe possibile la trasformazione del cibo in energia. Sappiamo che attraverso la digestione i principi vitali restano depositati nel sangue e penetrano in tutto il corpo grazie al sistema circolatorio. Il cibo diventa energia per il nostro corpo, permettendoci di crescere, di muoverci e di svolgere tutte le attività fisiche quotidiane.

Il secondo tipo di nutrimento, secondo la medicina ayurvedica, è il Prana, che entra nel corpo fisico attraverso le narici assieme all'ossigeno. Esiste un organo speciale per trasformare anche questo alimento: l'aria si trasforma nei polmoni e diventa ossigeno, che si riversa in tutto il torrente circolatorio. La respirazione è più importante del cibo: si può resistere a lungo senza mangiare, ma non si può restare molto tempo senza respirare. Un tempo prolungato oltre dieci minuti può causare la morte. Quindi, la respirazione è più importante del cibo.

Infine, esiste un terzo tipo di alimento, ancora più importante: le impressioni che giungono alla mente. Tutti gli eventi della vita giungono alla mente attraverso i sensi in forma di impressioni: odori, sapori, colori, l'allegria, la tristezza, ecc. arrivano alla mente e si depositano nella memoria. Anche questa è una sede di trasformazione.

La chiave di lettura è una visione psicosomatica secondo la quale tutto ciò che avviene all'individuo avviene in un sistema collegato. Bisogna avere una visione meccanica (cioè vedere come funziona l'organismo) con uno sguardo alla sfera psicologica. In questo ci viene in aiuto la psicoanalisi. Secondo la spiegazione psicoanalitica, i bambini imparano a conoscere il mondo usando la bocca. A causa del contatto fisico, delle coccole e della gratificazione che si verifica mentre il bambino viene alimentato, si sviluppa un'associazione tra amore, nutrimento e mangiare.

Se la crescita procede normalmente, le esperienze del bambino si espandono e queste piacevoli attività diventano parte di una vasta gamma di attività sensoriali gratificanti. Se l'ambiente è meno favorevole, il bambino può crescere incapace di sviluppare altre fonti di gratificazione e, da adulto, si appoggerà al cibo come se fosse la primaria o unica fonte di sostegno emotivo.

All'interno delle interazioni familiari, il cibo può essere usato dal figlio per resistere al controllo dei genitori, per stabilire la propria indipendenza e, in alcuni casi, per avere il controllo su di loro. Se un bambino o una bambina impara che il fatto di mangiare o di non mangiare è la sua unica fonte di potere, il suo unico modo di esprimere sentimenti normali o l'unica maniera per stabilire una certa indipendenza, è probabile che da adulto viva l'assunzione di cibo come direttamente collegata a una forte reazione emotiva.

Anche l'uso del cibo per dare premi o punizioni può mettere in relazione il cibo con l'affetto, le relazioni e l'immagine di sé, comportando diversi rischi per un equilibrato rapporto con l'alimentazione.

Molte abitudini alimentari possono essere considerate una questione di cultura, un prodotto dei codici di comportamento e del sistema di relazioni sociali. Molti eventi importanti della vita implicano rituali sociali che includono il cibo, come ad esempio i compleanni, le ricorrenze religiose, la celebrazione di un matrimonio, una promozione sul lavoro, ecc.

Se invece si dovesse rilevare una mancanza di esperienze gratificanti, di divertimento, di piacere o di sentimenti felici, si crea nella persona un vuoto significativo. Di solito nasce la sgradevole sensazione di qualcosa che manca, accompagnata dal tentativo di riempire il vuoto con il cibo.

Anche l'ansia e la solitudine possono essere collegate al cibo, così come la rabbia e la noia. Molti sono, quindi, i collegamenti tra cibo e sentimenti, a volte positivi altre volte distruttivi.

In ogni caso, il raggiungimento di un equilibrio alimentare è strettamente collegato a un equilibrio della personalità nei vari aspetti.

Cibo come piacere

I colori, il profumo, il gusto dell'assaggio e l'appetito sono tutte sensazioni estremamente piacevoli legate alla sfera delle emozioni. Per comprendere la relazione tra cibo ed emozioni, è necessario esaminare i fattori che intervengono nel processo mentale: la nutrizione, le esperienze evolutive della personalità, i legami familiari e i rituali. La mente ha due funzioni principali:

1. Controllare le pulsioni, esercitando un controllo sulla fame "nei limiti di tempi ragionevoli."

2. Trasformare la fame in piacere.

Come sostiene il professor Elio Muti, docente del corso per Naturopati di Riza, nel suo libro Il Cibo tra Istinto e Ragione, esiste una mediazione tra l'istinto, che rileva i bisogni, e la razionalità, che collabora per soddisfarli. Per raggiungere questa armonia, istinto e razionalità devono trovare un accordo, che costituisce l'equilibrio psicofisico e si traduce in piacere.

Pertanto, l'atto di mangiare è un processo meccanico che coinvolge la bocca, lo stomaco e l'intestino, ma è regolato dalla mente. Il cervello controlla le funzioni motorie (come camminare, deglutire, afferrare), quelle sensoriali (come vedere, sentire, toccare, percepire il dolore e le temperature) e quelle cognitive (come parlare, comprendere il linguaggio, ricordare, risolvere problemi, ragionare e giudicare).

Le cellule del cervello, chiamate neuroni, sono dotate di prolungamenti detti "assoni" e "dendriti," che formano connessioni chiamate "sinapsi."

Queste connessioni permettono alle diverse aree del cervello di comunicare tra loro e di trasmettere/ricevere messaggi dagli organi periferici. Una scoperta relativamente recente ha rivelato che una parte del cervello è plastica, nel senso che può modificarsi e ristrutturarsi in base alle esperienze.

Nel cervello esiste un sistema della "gratificazione" e della "frustrazione." In una determinata zona viene prodotta una sostanza chiamata "endorfina," che determina un senso di appagamento o, in mancanza, causa un senso di frustrazione. La gratificazione è una condizione di benessere psico-fisico, mentre la frustrazione si verifica quando un bisogno non può essere soddisfatto per cause esterne.

Nella società contemporanea, caratterizzata da sovrabbondanza di cibo, il cervello seleziona ciò che piace basandosi sulle esperienze. I recettori periferici, le papille gustative, agiscono in sintonia con l'area del cervello preposta. Tuttavia, tutto dipende dalla mente. Il gusto è quindi "mentale" e dipende dalle esperienze evolutive, comprese quelle in condizioni estreme, come la sopravvivenza in campi di concentramento o in situazioni di carestia. Queste esperienze differiscono notevolmente da quelle della nostra società occidentale, dove il cibo è diventato fonte di piacere.

Oggi, il cibo ha assunto nuove connotazioni: cibo tecnologico, cibo tendenza, cibo spettacolo e food artist, perdendo la sua specificità originaria di nutrire il corpo.

Il cibo viene elaborato dalla mente come "estetico," per soddisfare bisogni creati da esperti di marketing, con l'obiettivo di massimizzare i profitti delle imprese produttrici, causando effetti devastanti sulla società, afflitta da malattie del "benessere" provocate dal cibo.

Nella nostra realtà alimentare, non è importante solo cosa mangiamo, ma anche come, con chi e dove lo facciamo. Questi aspetti contestuali appaiono secondari rispetto alla pietanza, ma modificano sostanzialmente il significato del pasto. Un pasto consumato in piedi, in un luogo affollato e da soli, può avere lo stesso valore nutrizionale di uno consumato in un ambiente accogliente e in compagnia di amici, ma non ha lo stesso valore simbolico. Nel primo caso, mangiare soddisfa lo stomaco ma non il cervello. Oggi, esistono patologie comportamentali proprio perché, come abbiamo visto, la mente ha preso il sopravvento sull'istinto.

Disturbi del comportamento alimentare:
Anoressia, Bulimia e Obesità

Negli ultimi decenni, l'incidenza dei disturbi alimentari è aumentata significativamente, portando alla conclusione che la pressione esercitata sui canoni di magrezza, promossi dai media attraverso immagini di modelle sottopeso o artificialmente ritoccate, ha contribuito all'ossessione per la magrezza. Questa ossessione ha spesso sfociato in anoressia, bulimia e altri disordini alimentari, dai quali è molto difficile guarire. Secondo i dati dell'ABA (Associazione Bulimia e Anoressia), circa 3 milioni di persone in Italia, pari al 5% della popolazione, soffrono di disturbi del comportamento alimentare (DCA). L'età di insorgenza di queste patologie si colloca prevalentemente tra i 12 e i 25 anni (8-10% ragazze / 0,5-1% ragazzi). In questa fascia di età, i DCA rappresentano la prima causa di morte.

Il modello di bellezza occidentale (corpo magro, perfetto, omologato) è diventato un ideale esportato globalmente. Nei paesi in via di sviluppo, man mano che questi si integrano nei sistemi mediatici globali, si osservano evidenti esempi di disordini alimentari [cfr. malattie da esportazione pag. 88 in 10 ottimi motivi per non cominciare una dieta – di Martina Liverani] . Non è solo la moda a incitare alla magrezza; purtroppo, gli stereotipi nocivi riguardanti il corpo femminile sono diffusi e consolidati in tutti gli ambiti della nostra vita contemporanea.

Ogni volta che uno spot pubblicitario ci invita ad acquistare un prodotto dietetico illudendoci che una volta magre saremo più felici, ogni volta che in televisione vediamo incoronare regina della bellezza una donna magrissima, o sulle riviste vengono proposte solo donne filiformi, si cementa, in modo più o meno "subliminale", il concetto che per essere belle, avere successo ed essere raccontate dai media, occorre essere magre. I corpi delle donne comuni, che vediamo nelle strade, nei supermercati o a scuola, non appaiono mai. Per le adolescenti, riconoscersi nei modelli rimandati dai mezzi di comunicazione, che non rispecchiano la realtà, è spesso impossibile.

Pertanto, conformarsi o meno a questi modelli stereotipati può scatenare un conflitto tra gratificazione e frustrazione, determinando nell'individuo un'aggressività che può essere proiettata all'esterno, all'interno o repressa, con il corpo come bersaglio principale.

Anoressia

La forma più diffusa e conosciuta di DCA è l'anoressia. Di solito, la persona affetta da questo disturbo inizia con una dieta dimagrante, apparentemente per migliorare e controllare la propria immagine. Gli anoressici non sono staccati dal cibo, ma dall'uso del cibo. Spesso passano del tempo a cucinare, non per sé stessi, ma per gli altri. Si cade nel calcolo ossessivo delle calorie e nel controllo spasmodico del peso. Il corpo, scarno e denutrito, diviene una tela su cui dipingere l'immagine di un dolore interiore, un disagio che le parole non possono esprimere.

L'anoressia può causare gravi danni alla salute come insufficienza renale, alterazioni cardiovascolari, perdita dei capelli e dei denti. Spesso si verifica il blocco del ciclo mestruale che, se persiste a lungo, può causare l'osteoporosi.

Bulimia

Un'altra forma di disturbo è la bulimia. In questo caso, si instaura una vera e propria dipendenza dal cibo, simile a quella dalla droga o dall'alcool. La sensazione soggettiva è quella di un vuoto incolmabile e disperato che si cerca di riempire attraverso l'assunzione di quantità eccessive di cibo. La vita si svolge mangiando in una sensazione di totale perdita di controllo e vomitando incessantemente. Oltre alle abbuffate e al vomito, alcuni sintomi attraverso i quali si declina la bulimia sono condotte compensatorie come l'eccessivo esercizio fisico e l'abuso di lassativi e diuretici. La bulimia, rispetto all'anoressia, lascia segni meno evidenti sul corpo ed è più difficile da riconoscere. Tuttavia, le conseguenze sulla salute sono devastanti a causa del vomito autoindotto che provoca, tra l'altro, erosione dello smalto dentale, disidratazione, anemie e disfunzioni cardiache. Spesso, anoressia e bulimia si alternano ciclicamente.

Fabiola De Clercq, in Donne Invisibili (Bompiani), descrive l'anoressia come "la punta dell'iceberg, il sintomo di una sofferenza che ha cause psicologiche. Per questa ragione non può essere aggredita: è necessario invece cercare le cause senza tuttavia perdere di vista la gravità dei risvolti che possono mettere a rischio la vita.

Il sintomo non viene soppresso ma si diluisce fino a scomparire solo quando la persona non sente più la necessità di adottare i comportamenti che ha dovuto cercare e usare come soluzione, quando riesce a esprimere e vivere i suoi sentimenti, quando a dispetto delle difficoltà trova dentro di sé gli strumenti per far fronte alla vita e alla sofferenza che ne è parte".

Obesità

Tra i disturbi del comportamento alimentare può essere annoverata anche l'obesità. Se si esclude quella che è conseguenza di disfunzioni metaboliche, l'obesità è spesso associata a fattori psicologici, per questo viene definita psicogena. Si tratta di una vera e propria malattia sociale che riguarda un numero sempre maggiore di persone di ogni età. Come nella bulimia, anche nell'obesità psicogena si è di fronte a una dipendenza, cambiando solo le modalità. Il cibo è scelto con cura e assunto fino ad aumentare di peso in modo spropositato. Viene inconsciamente considerato una soluzione magica alle difficoltà del vivere, un anestetico rispetto al dolore interiore. Il grasso rappresenta una barriera difensiva per proteggersi dalla propria depressione. In chi soffre di questo disturbo insorgono gravi danni alla salute, quali patologie cardiocircolatorie e malattie metaboliche come il diabete. Possono essere seriamente compromesse anche le capacità mentali, come la memorizzazione e la concentrazione.

Alimentazione e nutrizione

Una prima distinzione va fatta tra alimentazione e nutrizione. L'alimentazione si riferisce alla disponibilità di cibo esistente, mentre la nutrizione riguarda ciò che al nostro organismo necessita per ottenere energia e mantenersi sano. È quindi doveroso fare un breve accenno sui principi nutritivi, ossia gli elementi necessari per la costruzione e la rigenerazione delle cellule presenti nel nostro organismo. Una dieta bilanciata, composta da cibi ricchi di nutrienti essenziali come proteine, lipidi, vitamine e sali minerali, svolge un ruolo fondamentale nel mantenere il corretto funzionamento del nostro organismo, compreso il sistema nervoso.

Importanza dei Nutrienti

Il sistema nervoso, essenziale per la nostra componente psicologica, richiede nutrienti specifici per funzionare ottimamente. Ad esempio, il glucosio, presente nei carboidrati complessi come cereali, legumi e frutta, fornisce energia al cervello e aiuta nella formazione dei neurotrasmettitori, contribuendo al benessere psicologico.

Gli acidi grassi polinsaturi, come gli Omega 3 e 6, fondamentali per il sistema nervoso e cardiovascolare, devono essere assunti attraverso l'alimentazione. Fonti di Omega 3 includono pesce e frutta secca, mentre gli Omega 6 si trovano in oli vegetali e cereali.

Le proteine, costituite da amminoacidi, sono precursori di neurotrasmettitori come la serotonina e la dopamina, influenzando umore ed emotività. Si trovano in alimenti come carne, pesce, uova e latticini.

Ruolo delle Vitamine e dei Minerali

Le vitamine del gruppo B sono coinvolte nella produzione di energia e nella sintesi dei neurotrasmettitori. Sono presenti in cereali integrali, legumi, pesce e verdure a foglia verde.

La vitamina C, E e i bioflavonoidi sono potenti antiossidanti, presenti in frutta e verdura fresca, cereali e oli vegetali.

I sali minerali, come calcio, ferro, magnesio e potassio, sono cruciali per molteplici funzioni fisiologiche e mentali e si trovano in una varietà di alimenti come cereali integrali, legumi, frutta, verdura, latte e carne.

Gestione della Dieta

È importante distribuire i pasti in modo equilibrato durante la giornata, evitando di saltare pasti e optando per una varietà di cibi secondo i principi della dieta mediterranea. Consumare cibi lentamente favorisce la digestione e l'assorbimento dei nutrienti.

Collegamento tra Alimentazione e Benessere Psicologico

Numerosi studi scientifici hanno dimostrato una stretta correlazione tra alimentazione e benessere psicologico. Le emozioni positive sono spesso associate a una maggiore propensione a scegliere cibi nutrienti e salutari, mentre lo stress e altre emozioni negative possono influenzare negativamente i comportamenti alimentari, conducendo a episodi di alimentazione eccessiva o a digiuni disfunzionali.

La consapevolezza alimentare, sia dal punto di vista qualitativo che quantitativo, è cruciale per mantenere un equilibrio psicofisico ottimale. Adottare un regime alimentare strutturato in cinque pasti giornalieri, suddivisi in colazione, spuntino a metà mattina, pasto principale, spuntino pomeridiano e cena leggera, può contribuire significativamente a migliorare la regolazione dell'appetito e la stabilità emotiva. La suddivisione dell'assunzione calorica giornaliera in cinque piccoli pasti aiuta a mantenere stabili i livelli di glucosio nel sangue, prevenendo picchi insulinici e cali glicemici che possono influenzare negativamente l'umore e la capacità cognitiva. Inoltre, pasti regolari contribuiscono a migliorare il metabolismo e la digestione, promuovendo una sensazione di benessere generale.

Una corretta alimentazione non solo supporta la salute fisica, ma è anche fondamentale per il mantenimento dell'equilibrio mentale. L'adozione di un regime alimentare bilanciato e consapevole può contribuire a prevenire disturbi psicologici legati all'alimentazione, migliorando così il benessere psicofisico complessivo. Promuovere una dieta equilibrata e la consapevolezza delle proprie abitudini alimentari dovrebbe essere un obiettivo prioritario per chiunque desideri migliorare la propria qualità della vita.

L'influenza dei colori sul benessere psicofisico

Ogni colore esercita un impatto sulla nostra psiche e suscita emozioni. Ogni colore possiede vibrazioni uniche ed emana energie specifiche. Lo psicologo svizzero MaxLüscher ha condotto un approfondito studio sulle interazioni dei colori con la mente umana e, intorno al 1920, ha sviluppato un test per analizzare le risposte sensoriali ed emotive di carattere universale. Lüscher sosteneva che quando un individuo osserva o sceglie un colore, ciò indica un qualche tipo di approvazione, sentimento di vicinanza o riflesso del suo stato d'animo o carattere in quel momento.

I colori fungono da manifestazione visibile dei nostri sentimenti e dei nostri pensieri più profondi; sono inoltre dei codici che trasmettono segnali emotivi, come si evince da espressioni comuni ancora in uso, quali "umore nero" o "vedere tutto rosa".

Da sempre, i colori sono stati essenziali per l'appetibilità dei cibi, poiché trasmettono informazioni e sensazioni che influenzano la piacevolezza di ciò che mangiamo. Già nell'antichità, il colore aveva il compito di arricchire e decorare la tavola con una nota pittorica che modificava l'aspetto naturale degli alimenti, come avviene ancora oggi nella cucina orientale, sia cinese che giapponese, dove la presentazione coreografica dei piatti e l'uso sapiente dei colori sono fondamentali.

La connessione tra colore e benessere è stata esplorata anche attraverso la cromoterapia, che utilizza i colori per promuovere l'equilibrio e il benessere individuale.

I colori caldi, come il rosso, l'arancione e il giallo, stimolano l'appetito e ravvivano le funzioni vitali, mentre i colori freddi, come il blu e il viola, moderano le funzioni in eccesso, apportando tranquillità alle persone più ansiose e iperattive. Pertanto, utilizzare diverse sfumature cromatiche nella preparazione dei piatti significa innescare effetti positivi sull'organismo, favorendo il benessere mentale e, di conseguenza, l'umore.

Il rosso dei pomodori e dell'anguria, così come il rosa del pompelmo, contengono licopene, un potente antitumorale. Il rosso è il colore dell'amore e della passione; è stimolante, aumenta l'adrenalina nel sangue, la frequenza cardiaca e respiratoria, nonché la pressione sistemica; attiva il fegato, stimola il sistema nervoso centrale e infonde coraggio, energia e vitalità.

Il colore arancione delle carote, delle zucche, dei meloni e delle albicocche indica la presenza di betacarotene, una sostanza che stimola il sistema immunitario, protegge dai tumori e favorisce l'abbronzatura proteggendo la pelle dalle radiazioni solari. Simboleggia ottimismo, vitalità, crescita, allegria e benessere. Ha un'azione energizzante, riscaldante e rallegrante, oltre a esprimere amore, stimolando delicatamente.

Il verde scuro, presente in verdure come bietole, spinaci, cavolo nero e cime di rapa, è una fonte ricca di clorofilla, che purifica il sangue. I broccoli verdi sono ricchi di indoli antitumorali. Il verde crea equilibrio, riducendo l'iperstimolazione indotta dai colori caldi e mantenendo l'energia, attenuando l'effetto calmante dei colori freddi e stimolando un'attenzione vigile.

Il viola intenso dei mirtilli, delle melanzane, dell'uva nera e delle cipolle rosse indica la presenza di antociani, che irrobustiscono e rendono elastici i capillari, migliorando la circolazione superficiale. È un colore pacificante, adatto alle persone ansiose e agitate, che, al contrario, offre calma e rilassatezza.

IL CIBO COME ELEMENTO CULTURALE

Il cibo può essere considerato un elemento culturale. Questo è dimostrato dal fatto che, pur essendo l'uomo onnivoro, non tutte le culture si nutrono degli stessi alimenti. La preferenza verso alcuni cibi e il rifiuto di altri, pur essendo questi potenzialmente commestibili, ha un'origine culturale. Ogni cultura ha un proprio codice di condotta alimentare che privilegia determinati alimenti e ne vieta o rende indesiderabili altri. Questo codice è determinato da componenti geografiche, ambientali, economiche, storiche e nutrizionali che caratterizzano la cultura stessa. Quando si escludono i casi in cui è la mera sussistenza a dettare cosa mangiare, il cibo smette di essere un bisogno fisiologico e diventa una necessità culturale.

La storia dell'uomo e delle civiltà è indissolubilmente legata all'alimentazione. Crescita demografica, prosperità e miseria, conquiste, guerre e rivoluzioni sono strettamente connesse alla disponibilità di cibo, alla sua scarsità o abbondanza. Nelle società tradizionali di cacciatori-raccoglitori, l'approvvigionamento alimentare costituiva l'attività principale ed era connessa alle disponibilità ambientali. Quando le risorse naturali si esaurivano, diventava necessario spostarsi per cercare nuovi luoghi da sfruttare. In questo contesto, l'uomo era subordinato all'ambiente in relazione al cibo, poiché si limitava a raccogliere ciò che la natura offriva in base al clima e alla fertilità dei suoli. In questo ambito, il cibo non può ancora essere considerato come un elemento culturale.

Il passaggio del cibo a elemento culturale avviene quando esso è modificato dall'intervento umano. Questo è stato reso possibile dalla discriminante prometeica del fuoco, che sancisce la nascita della cucina, intesa come l'insieme delle pratiche di preparazione mediante la cottura degli alimenti. Cucinare è il gesto che trasforma il prodotto naturale in qualcosa di profondamente diverso: le modificazioni chimico-fisiche indotte consentono di portare alla bocca un cibo costruito. La cultura interviene così sulla natura, rendendo commestibili cibi che naturalmente non lo sarebbero. Arrostire la carne diventa quindi l'inizio del mutamento simbolico che il cibo subisce, un mutamento che si esplica attraverso la diversa funzione a cui il cibo assolve: non è più solo soddisfacimento di un bisogno fisiologico. Il processo di trasformazione da natura a cultura prosegue con la differenziazione culturale delle varie popolazioni fino all'avvento dell'agricoltura.

Nel corso della storia, con l'evoluzione dell'uomo, si sono evolute anche le abitudini alimentari e gli stili di vita. Secondo la teoria di Darwin, mangiare è un atto che si compie per soddisfare un istinto, quello della sopravvivenza, per cui l'uomo deve lottare per accaparrarsi il cibo come farebbero gli animali. La struttura della bocca è fatta per strappare e masticare il cibo, per ferire. Solo gli uomini mostrano i denti per esprimere un sorriso in segno di cordialità, mentre le altre specie animali lo fanno in segno di forza. L'istinto di dover mangiare è promosso dalla fame, una pulsione che aumenta con il digiuno. La forza dell'uomo viene espressa dalla fame, che a sua volta è sedata dalla sazietà.

Il senso di fame attuale è ben lontano dai ricordi dei nostri antenati fino all'inizio del secolo scorso. È noto che dopo la Seconda Guerra Mondiale le innovazioni e il boom economico hanno trasformato il mondo lavorativo, con un impatto significativo sul settore agricolo. Il progresso, le nuove tecniche e la meccanizzazione hanno completamente mutato la vita dei campi, modificando abitudini e bisogni. Nel corso dei secoli, la scienza ha fatto passi da gigante, scoprendo farmaci utilissimi e inventando strumenti diagnostici e terapeutici sempre più progrediti ed efficaci, di cui oggi godiamo i benefici.

Un tempo l'uomo viveva nei campi, seguiva il ritmo delle stagioni, della semina e del raccolto, e dipendeva dalla convivenza con gli animali. Con l'urbanizzazione e l'industrializzazione, si è affermata una visione scientifica che ha portato alla scoperta della chimica applicata alla vita (cibo, farmaci, prodotti per la casa). Questo ha avuto come conseguenza la chiusura del "sussidiario naturale" che l'uomo aveva sempre avuto sotto gli occhi e che gli insegnava, momento per momento, come comportarsi. Nell'ultimo secolo c'è stato un cambiamento nella forma mentis dell'uomo moderno, che ha adottato una visione del mondo fondata sulla scientificità e si è dotato di una tecnologia sempre più sofisticata. In merito alla salute e alla cura di sé, non ci si affida più alla saggezza della natura e al sapere innato dell'organismo per mantenersi sani. Così facendo, siamo diventati artefici e vittime dell'approccio occidentale, sempre più estranei alle logiche dell'ambiente cui l'organismo umano appartiene.

Negli ultimi cinquant'anni, la deforestazione, l'inaridimento della terra, l'inquinamento dell'acqua e dell'aria e la perdita della biodiversità hanno costruito la fragilità del nostro habitat, facendoci perdere la nostra identificazione inconscia con i fenomeni naturali. Fino agli anni '60 del secolo scorso, il cibo era garanzia di qualità e nessuno stava a pesare e dosare quantità di cibo e calorie. Le trasformazioni sociali hanno dato origine all'industria alimentare che, nella sua logica di mercato, produce ciò che piace di più alla gente. Allo stesso tempo, questa industria è in grado di influenzare le scelte e quindi determinare le abitudini alimentari, facendo proiezioni su ciò che mangeremo nei prossimi mesi o anni. Basta guardare come si sono rinnovate le farmacie e i supermercati, con interi reparti dedicati a nuovi cibi sotto forma di integratori alimentari. Cibo in pillola! La pubblicità, il marketing e le tecniche di vendita delle multinazionali influenzano le scelte dei consumatori.

Il cibo come condizione religiosa

È di uso comune attribuire specifiche pietanze a determinate culture, così come associare le abitudini alimentari a tavola con tradizioni culturali. Un esempio significativo dell'influenza culturale del cibo in ambito religioso è dato dalla proibizione nell'induismo del consumo di carne bovina e dal divieto musulmano ed ebraico di carne suina. Queste prescrizioni, sebbene attribuite alle sacre scritture delle rispettive religioni, rivelano, ad un'analisi più attenta, la necessità di imposizioni restrittive dettate da cause socio-economiche.

Suini e bovini sono animali commestibili per l'uomo e occupano un posto di rilievo sulle tavole di molte culture. Nei paesi di fede musulmana, il maiale è considerato immondo e il suo consumo è vietato. Analogamente, ma in senso opposto, la vacca è, per i fedeli indù, l'incarnazione di numerose divinità, e ne è vietato il consumo e la macellazione sia per imposizioni religiose che per leggi statali. Ad esempio, l'articolo 48 della Costituzione federale indiana, nella sezione intitolata "Principi direttivi della politica statale," vieta la macellazione di animali da latte e da tiro (Harris, 1992).

Contrariamente a quanto si potrebbe credere, tali divieti hanno un fondamento nei fenomeni economici, sociali e demografici che hanno influenzato quelle popolazioni, ai quali la religione ha dato un valore universale nel tempo e nello spazio.

La sacralità attribuita alla vacca dalla religione indù, così forte nella sua natura prescrittiva da diventare un topos, è originata da un meccanismo di difesa della razza bovina. Questa, durante il periodo delle popolazioni Veda, era spesso sacrificata nei rituali, mettendo a rischio la sua sopravvivenza nelle pianure alluvionali indiane.

Inizialmente, la vacca era oggetto di sacrifici che prevedevano l'uccisione di numerosi capi di bestiame a scopo divinatorio. Al termine dei riti religiosi, i partecipanti banchettavano con la carne macellata. L'aumento demografico che caratterizzò la società Veda tra il 1800 e l'800 a.C., nelle regioni che oggi costituiscono l'Unione Indiana, portò a una drastica diminuzione della quantità pro capite di carne bovina, rendendo insufficiente il fabbisogno nutrizionale basato sulla carne. Per nutrire una popolazione in crescita, si fece ricorso prevalentemente a cereali e latticini, maggiormente disponibili (Livi Bacci, 1993).

Oltre alla scarsità quantitativa del bestiame, la razza bovina in India svolgeva importanti compiti all'interno del ciclo agricolo. Era quindi necessario un divieto che raggiungesse tutti gli strati della popolazione e scavalcasse l'interesse individuale. Il significato simbolico della vacca mutò: da oggetto di sacrificio per le divinità vediche a soggetto deificato. Nel XIX secolo, il suo significato subì una nuova svolta: la protezione della vacca divenne simbolo dell'identità indù, distinguendo gli indiani autoctoni dagli immigrati.

Sacrificare o mangiare la vacca, come facevano musulmani e cristiani, era considerato ripugnante dagli indù di casta e, nel contesto della crescita di consapevolezza religiosa tra i gruppi riformisti, la vacca divenne simbolo dell'identità nazionale indù, identificata come madre della nazione (Knott, 1999).

La religione, intervenendo in un campo prettamente economico, rende universale ciò che permette di conservare il ciclo agricolo, la specie bovina e, in definitiva, la sopravvivenza della popolazione in crescita, determinando in modo immutabile le abitudini alimentari.

Per quanto riguarda il divieto al consumo della carne di maiale, numerose e antiche sono le indicazioni contenute nei testi sacri di religioni diverse. Il maiale è l'unico animale esplicitamente proibito dal Corano: "in verità Iddio v'ha proibito gli animali morti, il sangue e la carne di porco" (Corano II, 173; trad. in Harris, 1992). Nel Levitico, il maiale è descritto come "immondo" a causa della sua propensione a nutrirsi di feci e rotolarsi nel fango. La sua natura di "animale sporco" ha giustificato prescrizioni alimentari di origine religiosa, basate sull'idea che nutrirsi di una bestia peccatrice sia un peccato. Inoltre, la carne suina è stata a lungo considerata portatrice di malattie.

Esiste anche un'ipotesi economica e ambientale: il maiale è un grande produttore di carne, ma solo di quella, a differenza di bovini, ovini e caprini che producono almeno un derivato, e quindi hanno un'utilità alimentare anche da vivi. Il maiale non è utile al lavoro dei campi e non produce cibo se non viene ucciso, non ricoprendo il ruolo fondamentale per l'agricoltura e l'economia che invece ha la vacca indiana.

Inoltre, il maiale è un competitivo alimentare dell'uomo, necessitando di alimenti compatibili con la dieta umana, poiché ha un metabolismo molto simile a quello del suo allevatore. Questo rende il maiale meno conveniente di altri animali in un'analisi di costi e benefici.

Gli esempi riportati illustrano la funzione culturale del cibo come simbolo di identità, attraverso importanti episodi della storia indiana in cui il cibo-religione ha influenzato in maniera decisiva il comportamento alimentare.

Il cibo come identità

Il cibo si comporta come un vero e proprio strumento di riappropriazione identitaria, soprattutto quando questa venga a mancare. Esso funge da ponte verso la propria terra, i propri affetti, e i propri luoghi.

Le migrazioni, ad esempio, rappresentano quei cambiamenti di residenza che implicano un completo cambiamento e riadattamento dei legami dell'individuo con la comunità e il territorio. Questo processo comporta una riorganizzazione mentale secondo schemi nuovi. Quali che siano le motivazioni che spingono gli individui ad abbandonare il proprio paese d'origine, gli affetti, e la posizione sociale acquisita, si assiste sempre a un processo traumatico dovuto alla privazione di tutto ciò che, fino al momento della partenza, è considerato il proprio "universo culturale". L'emigrazione comporta una fase di adattamento traumatica per l'inserimento in un nuovo contesto, popolato da elementi sconosciuti all'esperienza.

Oltre alle difficoltà proprie del trauma, si presenta la necessità di affrontare la realtà nella sua concretezza: le difficoltà linguistiche, l'adattamento al clima, la gerarchia sociale, e i codici di comportamento. Tra queste componenti, una difficoltà non trascurabile è rappresentata dalle differenze alimentari. L'avvento della grande distribuzione ha facilitato il compito a milioni di migranti, favorendo l'accesso a quei prodotti che oggi sono graditi anche agli europei.

L'emigrato si trova di fronte a un bivio: integrarsi nella nuova cultura oppure mantenere le proprie abitudini. Queste due posizioni opposte formano un continuum con posizioni intermedie. Ciò che rimane, comunque, è il desiderio di mantenere le proprie radici, stabilendo un punto di incontro tra sé e la propria identità, ricreando fisicamente e mentalmente i luoghi in cui ci si sente a casa. Mangiare come nel luogo di origine serve a placare la nostalgia, come se nel nuovo mondo si fosse portata anche la propria casa, i propri amici o familiari.

Il cibo mantiene in vita il legame con la cultura d'origine, in modo vivo perché diretto, immediato, e fisico. Esso può essere esperito dall'individuo attraverso l'utilizzo di tutti e cinque i sensi: ha un odore, un colore, un gusto, un aspetto e un suono. L'alimentazione richiama il luogo d'origine quasi come se si materializzasse davanti ai propri occhi. In tal modo, il cibo non assume solo valore di pratica alimentare, ma diventa anche elemento culturale evocativo di luoghi, persone, e relazioni.

Il cibo come tradizione

Nei piatti tipici e tradizionali si conserva spesso una parte importante della cultura di un popolo o di una regione, tramandando vecchi saperi e sapori. Per comprendere meglio come il cibo si comporti nelle relazioni tra individui di uno stesso paese, prendiamo come esempio uno dei piatti tipici della cultura maghrebina: il couscous.

Si tratta di un piatto molto conosciuto anche nella nostra cucina. Infatti, il couscous è preparato anche in alcune province della Sicilia con modalità e tempi differenti ma con un'origine comune. È costituito da una base di semola impastata a formare piccoli granuli, cotti al vapore generato dall'ebollizione di un brodo di carne o pesce, spezie e verdure, utilizzato come condimento. Il couscous è servito in un piatto di grandi dimensioni al centro della tavola, attorno alla quale si siedono i commensali, ed è consumato mischiando con la mano destra il semolino con pezzi di carne, pesce o verdura, attingendo con le mani senza l'ausilio di posate, da uno stesso recipiente, osservando regole e gesti ben precisi.

Prendendo in considerazione il modo in cui viene consumato questo piatto, si comprendono i precisi significati sociali e culturali in esso racchiusi.

In primo luogo, è una pietanza completa dal punto di vista nutrizionale, poiché ricca di carboidrati provenienti dalla semola, di proteine della carne o pesce e di vitamine dalle verdure. In secondo luogo, è consumato allo stesso modo da tutti i commensali, utilizzando le mani.

Ciò costituisce un contatto diretto con l'alimento e una stretta contiguità con gli altri commensali, dal momento in cui le mani, nell'atto di prelevare le porzioni, si toccano. Inoltre, c'è un rapporto egualitario, poiché non è prevista nessuna porzione predeterminata per ordine di gerarchia. Al contrario, nella cultura occidentale, il capofamiglia viene servito per primo, riflettendo a tavola le differenze sociali in atto.

Ciò non vuol dire che nella cultura araba non esistano disuguaglianze. La tavola araba è fortemente condizionata dalle differenze di genere che impediscono alle donne di sedere alla stessa mensa degli uomini, di mangiare negli stessi momenti, e di condividere il cibo dallo stesso piatto. Si vuole solo affermare il ruolo sociale assunto da un piatto perché elemento sincretico e, in quanto tale, rappresentante di una tradizione.

Il cibo come amicizia

L'offerta del cibo è il primo gesto di amicizia in ogni parte del mondo. Ad esempio, negli Stati Uniti e in Gran Bretagna, nutrirsi è diventato un atto sempre più individualizzato, caratterizzato da un consumo prevalentemente privato. In Italia e in Francia, invece, il cibo ruota attorno agli orari dei pasti e alla convivialità, con una dimensione essenzialmente sociale e pubblica. Questo implica che, soprattutto nella dieta mediterranea, prevale il concetto del cibo inteso non solo come fenomeno nutrizionale, ma come sintesi di un insieme di valori storici, etici e culturali. In poche parole, il cibo è inteso come piacere.

Il filo conduttore di questo piacere è senz'altro la convivialità, ossia la condivisione in senso ampio di momenti della vita con altre persone e, in modo particolare, la condivisione del mangiare. Non stupisce quindi constatare che i popoli del Mediterraneo abbiano sempre legato (e leghino ancor oggi) il fatto di condividere un momento di serenità e felicità con altre persone all'atto del mangiare insieme, nel convivio, nel banchetto.

La parola "convivialità" ci parla quindi del cibo quale piacere e del cibo quale atto sociale. La cultura mediterranea vive al plurale: la strada, la piazza, il mercato, il luogo di culto, l'osteria, il bar sono tutti luoghi fisici di incontro, di contatto e di scambio, non solo fra persone ma anche fra idee, culture, modi di vivere e di pensare. Non è un caso che la cucina mediterranea sia, nel mondo, una delle cucine più varie e più "contaminate" da molteplici influenze, tanto culturali quanto sensoriali.

La preparazione del cibo è già di per sé un momento di incontro e di scambio, un'esperienza di condivisione comune di qualcosa che è il frutto del lavoro – sapiente e spesso molto lento e paziente – dell'uomo. I momenti di incontro, siano essi all'interno del nucleo familiare o fra estranei, sono legati al cibo e alla sua fruizione, al fatto di essere "seduti attorno a una tavola", al rito del mangiare. Un rito che, inevitabilmente, è influenzato e definito con forza nei suoi modi, tempi, suoni, colori, immagini e sapori dallo spirito mediterraneo.

Sedersi a mangiare in compagnia, talvolta anche a tavolate gioiosamente chiassose, rinsalda i legami di parentela e amicizia e facilita i processi di coesione sociale. Preparare il cibo, scambiarlo e consumarlo con altre persone, condividendone il piacere e i segreti, rappresenta un modo di vivere che dà valore ai rapporti, al tempo dedicato agli altri, e al buono e al bello delle esperienze sensoriali. È, infine, un'attenzione, oggi sempre meno presente, alla trasmissione del sapere e delle tradizioni culinarie dei diversi luoghi e delle diverse culture.

Il cibo come festa

Il cibo e le feste sono elementi inscindibili nella cultura umana, radicati profondamente nel tessuto sociale e nei momenti salienti della vita di comunità. Quando si parla di celebrare, non si può trascurare l'importanza della tavola, luogo di condivisione e di convivialità. In genere il fare festa richiama sempre un momento positivo dell'esistenza, molto ben strutturato nel suo insieme, che presenta caratteri ben definiti: il carattere periodico dell'evento, inserito nella tradizione di un popolo;

· il carattere collettivo, come fatto sociale dell'intero gruppo umano che sperimenta il proprio senso di appartenenza;

· il carattere rituale, che si formalizza in un Cerimoniale speciale e intensamente partecipato, posto al centro dell'intero momento festivo;

· il carattere ludico che si integra al tutto attraverso la condivisione del cibo.

Le festività, dunque, sono fondamentali per il senso di appartenenza di un gruppo umano. Si tratti di celebrazioni religiose, tradizionali o culturali, il momento conviviale intorno al cibo rappresenta uno dei pilastri di tali occasioni. In Italia, le ricette speciali legate alle festività si sono radicate nel patrimonio popolare, contribuendo alla costruzione dell'identità regionale e nazionale.

Nonostante i cambiamenti socio-economici e l'abbondanza alimentare, alcune tradizioni legate al cibo durante le feste resistono, mantenendo vivo il legame tra cibo, festa e comunità. Un esempio tangibile è il Carnevale di Ivrea, dove antiche consuetudini sopravvivono, trasformando gli spazi pubblici in luoghi di condivisione e appartenenza.

Qui, le feste autorganizzate dagli abitanti, come le fagiolate, diventano occasioni per scandire il tempo e per rafforzare il senso di comunità.

Le fagiolate rappresentano un'alternativa autentica al Carnevale più ufficiale, rendendo la festa accessibile a tutti, indipendentemente dalla capacità di partecipare agli eventi centrali. In questi contesti, le strade, i cortili e le piazze diventano il palcoscenico della creatività collettiva, unendo le competenze e le esperienze di giovani e anziani nella riscrittura delle dinamiche sociali e simboliche del quartiere.

In conclusione, le feste, attraverso il cibo e le tradizioni culinarie, diventano l'occasione per rinsaldare i legami sociali e per celebrare l'identità culturale di una comunità, trasformando gli spazi pubblici in luoghi di condivisione e partecipazione attiva.

Il cibo come rito:
una riflessione sui riti agrari

La preoccupazione di assicurarsi il cibo sin dai tempi antichi ha dato origine ai riti agrari, i quali risalgono a epoche preistoriche e antiche, quando le comunità umane dipendevano in gran parte dall'agricoltura per la loro sopravvivenza. Civiltà come quelle dell'antico Egitto, della Mesopotamia, della Grecia e di Roma avevano riti specifici per garantire la fertilità della terra e la protezione dei raccolti. Molti di questi riti sono collegati a miti e divinità che rappresentano la fertilità, l'abbondanza e la natura. Ad esempio, nella mitologia greca, Demetra era la dea dell'agricoltura e dei raccolti, mentre Osiride, in Egitto, era associato alla crescita della vegetazione e alla fertilità del Nilo. La funzione principale di questi riti era propiziarsi le divinità o gli spiriti della natura per ottenere raccolti abbondanti e proteggere le colture da disastri naturali come siccità, inondazioni e malattie. Nel tempo, con la modernizzazione dei sistemi produttivi, molti di questi riti sono andati via via scomparendo. Tuttavia, ci sono testimonianze importanti come gli studi dell'etnologo Wilhelm Mannhardt, vissuto tra il 1831 e il 1880. Nella sua opera principale in due volumi, "Wald- und Feldkulte" (Culto della foresta e del campo, 1877), esamina i culti e i miti legati all'agricoltura tra le popolazioni germaniche, individuando il loro punto di origine in uno spirito della vegetazione che deve essere preservato. Questo spirito viene trasmesso dalla vecchia alla nuova semina attraverso la conservazione dell'ultimo covone, che diventerà la "madre del grano" dell'anno successivo.

Anche in alcune zone d'Italia sopravvivono riti legati al mondo agricolo. Ad esempio, a San Giorgio Lucano, un piccolo comune della Basilicata, si celebra il "gioco della falce". Questo rito affonda le sue radici nei miti delle antiche civiltà cerealicole, dove l'agricoltura è vista come un rapporto con la Madre Terra. Il grano è suo figlio: per raccoglierlo bisogna "ucciderlo", infliggendo una grave offesa alla Madre Terra, che va riparata. L'azione si svolge in un campo di grano e coinvolge mietitori, una legante (la donna che raccoglie e lega insieme le spighe falciate per formare un fascio, "la gregna"), alcuni zampognari e un caprone, interpretato da un contadino che indossa una pelle di capra. Ernesto De Martino, etnologo e antropologo, studioso del folclore e della religione popolare del Sud Italia, descrive ampiamente il rito nel suo libro "Furore Simbolo Valore" (Il Saggiatore, Milano 1962). Durante il gioco, i partecipanti, spesso uomini giovani del paese, si sfidano in una serie di prove che richiedono abilità fisiche e destrezza. La falce viene utilizzata nel modo che mettono alla prova la forza, la precisione e la coordinazione dei giocatori. In conclusione, il rito agrario del "gioco della falce" non è solo un momento di celebrazione del ciclo agricolo, ma anche un'opportunità per riflettere sul rapporto tra l'uomo e la natura, sul potere e sulla ribellione, attraverso un linguaggiosimbolico ricco di significati che andrebbe tutt'ora studiato per ricondurlo alle necessità impellenti di azioni riparatorie per tutti i danni inflitti alla nostra Madre Terra e garantire un futuro sostenibile per le generazioni a venire.

IL CIBO NELLA CONCEZIONE EUBIOTICA

L'alimentazione eubiotica mira a stabilire un equilibrio con la natura, permettendo all'uomo di mantenere l'equilibrio omeostatico nell'ambiente naturale. Questo movimento fu fondato negli anni '50 dal Prof. Luciano Pecchiai, giovane ricercatore del Consiglio Nazionale delle Ricerche presso l'Istituto di Anatomia Patologica dell'Università di Milano, che divenne Primario Patologo dell'Ospedale dei Bambini "Vittore Buzzi" di Milano nel 1959.

Negli anni '50 e '60, in Italia e nel resto dei paesi occidentali, si stava affermando l'idea di abbandonare l'alimentazione tradizionale, considerata "povera" dalla Scienza dell'Alimentazione nordamericana, per adottare una dieta "ricca" basata sull'uso maggiore di prodotti di origine animale. Questo cambiamento stravolse il principio del primato del pane (cereale) rispetto ai prodotti animali. Il Prof. Pecchiai, nel 1960, fondò il Centro di Eubiotica Umana presso l'Ospedale Buzzi di Milano, opponendosi fermamente alla dieta "ricca" e sostenendo che non era salutare. I successivi studi confermarono che eccessi di carne, grassi animali, zucchero raffinato e sale erano responsabili delle malattie della "civilizzazione" (sovrappeso, arteriosclerosi, infarto, tumori, ecc.). Solo più tardi si confermò che la "Dieta Mediterranea", oggi patrimonio immateriale dell'Unesco, è la migliore per la salute umana.

La ricerca del Prof. Pecchiai si svolse su tre livelli: medico, agronomico e zootecnico. L'eubiotica cerca di conciliare l'alimentazione tradizionale con gli insegnamenti scientifici, selezionando i cibi in base a circostanze e combinazioni specifiche. Secondo l'arte di alimentarsi, i cibi sono considerati per quello che sono: carne, pesce, uova, legumi, frutta, ecc. Secondo la scienza dell'alimentazione, assumono valore calorico e composizione biochimica (proteine, lipidi, carboidrati, sali minerali), permettendo di stabilire una correlazione equilibrata.

L'optimum è un incontro tra arte e scienza, costruendo il pasto secondo la tradizione e verificando il valore biologico-nutrizionale con la scienza. L'eubiotica si concentra sui principi generali della saggezza antica, dimostrando un fondamento scientifico che si coniuga con le leggi naturali della "tradizione biblica".

I fondamenti teorici per la salute riguardano due aspetti:
1. *Equilibrio della Flora Intestinale*: nel senso che il benessere dipende dall'equilibrio simbiotico tra la struttura cellulare dell'organismo e i microorganismi dell'apparato digerente.

2. *Ripristino dell'Equilibrio*: quando l'alterazione di questo equilibrio è causa di malattia, influenzata dalla qualità e quantità del cibo.

La qualità del cibo implica le interazioni tra Cibo-Salute-Agricoltura e Territorio. Per assicurarsi che la dieta giornaliera sia completa, è essenziale seguire tre principi:
- Naturale: Cibo proveniente da ambienti naturali senza tecniche intensive di accrescimento o riproduzione, senza concimi chimici o fitofarmaci.
- Integro: Cibi privi di residui di concimi chimici, pesticidi, zoo farmaci e additivi.
- Integrale: Cibi non privati o alterati nei componenti originari.

L'eubiotica propone, dunque, uno schema alimentare con alimenti fondamentali, complementari, facoltativi e occasionali:
- Fondamentali: cereali, verdure e olio extravergine di oliva.
- Complementari: latte, latticini, pesce, legumi e frutta.
- Facoltativi: formaggi, uova e miele integrale.
- Occasionali: carne, salumi, grassi animali, zucchero raffinato, dolci e bevande dolcificate.

Non vi è dubbio che il Prof. Pecchiai abbia trovato ispirazione nella concezione biblica che sintetizza i seguenti punti:

1. Cibi Freschi e Naturali: preferenza per cibi non fermentati e non alterati, come indicato nei rituali religiosi.
2. Primato dei Cibi Vegetali: esclusione della carne in alcune diete rigorose (Nazirea) e preferenza per cereali e legumi.
3. Carni di Ovini e Caprini: preferenza per carne di animali con zoccolo, escludendo quelli considerati impuri (maiale).
4. Carni di Pesci con Pinne e Squame: esclusione di crostacei e molluschi per la loro deperibilità.
5. Eccessi di Carne: l'episodio delle quaglie nel deserto evidenziò i pericoli dell'eccesso di carne.
6. Grasso Animale: esclusione del grasso animale, utilizzato solo come offerta sacrificale.
7. Carne Senza Sangue: consumo di carne priva di sangue.
8. Digiuno: utilizzato per mantenere l'equilibrio psico-fisico.

In definitiva, l'eubiotica promuove una vita sana in sintonia con la natura, considerando l'uomo come un ecosistema materiale e spirituale. Il cervello è la centrale operativa di questo sistema, regolando tutte le funzioni corporee e psichico-esistenziali. In Europa sorsero numerosi movimenti per un'alimentazione naturale, contrastando la scienza e la tecnologia nordamericana.

Il Prof. Pecchiai era prudente riguardo agli OGM, ritenendo che tali tecniche non migliorano la qualità del cibo e potrebbero avere effetti sconosciuti sull'ecosistema. L'esperienza millenaria dell'uomo ha selezionato i cibi più adatti alla sopravvivenza. Il contributo di Pecchiai fu fondamentale per l'agricoltura biologica, che limita l'uso di sostanze chimiche e osserva disciplinari di produzione.

Oggi, molte associazioni reclamano un ritorno al cibo naturale per salvaguardare la salute. Michael Pollan, un autorevole giornalista americano, nel libro "In difesa del cibo", critica la produzione industriale e la distribuzione delle multinazionali, accusandole di aver alterato il sistema naturale di produzione alimentare. I suoi consigli sono semplici:
1. Evitare prodotti pubblicizzati come salutari.
2. Non acquistare cibi con ingredienti che la bisnonna non riconoscerebbe.
3. Evitare cibi con ingredienti sconosciuti o più di cinque ingredienti.

Il cibo fornisce energia, benessere e tranquillità psico-fisica, contrastando sintomi depressivi e ansiosi. La relazione cibo-psiche è circolare ma può essere influenzata da abitudini alimentari eccessive o da cibi privi di principi nutritivi. La salute del corpo e dell'ambiente sono strettamente connesse. Ippocrate, nel 400 a.C., disse: "Fa che il cibo sia la tua medicina e non la medicina il tuo cibo".

BIBLIOGRAFIA

•Luciano Pecchiai, Eubiotica: la nuova bibbia per restare giovani, Riza Scienze n.127, ottobre 1998

•Luciano Pecchiai, Un'alimentazione a difesa della salute, pubblicazione C.E.D.A.(Centro di EubiotcaUmana) Milano 2002

•Antonietta Dosi e Giuseppina Pisani Sartorio, ARS Culinaria, Donzelli Editore,Roma 2012

•Elisabetta Agradi, Le basi scientifiche della Dieta Mediterranea, Verducci Editore,Roma 1988

•Michael Pollan, In difesa del cibo, trad. Luciani G. , Adelphi 2009

•Umberto Veronesi, La dieta del Digiuno, Mondadori, Milano 2013

•F. Fidanza e G. Liguri, Nutrizione Umana, Idelson, Napoli 1981

•La mente naturale – Vittorio Caproglio relazione del 15/05/2012

•Anna Villarini e Giovanni Allegro – Prevenire i tumori mangiando con gusto –Mondadori - 2012

•Maurizio Cusani e Cinzia Trenchi – Mangiare a colori – Red Edzioni

•Elio Muti – Il cibi tra istinto e ragione – edizioni Riza s.p.a. – Milano 2006

•Martina Liverani – 10 ottimi motivi per non cominciare una dieta –Laurana Editore–Milano 2012

•Knott K. 1997 – Induismo 1997- Torino Einaudi

•Harris M. 1992 – Buono da Mangiare – Enigmi del Gusto e Consuetudini Alimentari

•Ernesto De Martino – Furore Simbolo Valore – Il Saggiatore Milano 1962